夜回り先生
こころの授業

水谷 修
Osamu Mizutani

日本評論社

心やさしい子が生きやすい社会に

私のもとに絶え間なく届く子どもたちの悲鳴、メールはすでに一六万通を超え、電話はただ鳴り続けています。数の確認も不可能です。「リストカットが止めれない」「死にたい」「生きていていいの」……。今私たちのこの国で、多くの子どもたちが、夜の暗い街で、夜の暗い部屋で苦しんでいます。そして、この一年半の私の闘いの中で、六人が尊い命を自ら絶ちました。どの子も、心やさしい失ってはいけない子どもたちでした。哀しい哀しい死でした。目をつぶれば彼らの苦しい顔がいつも浮かびます。ふと耳をすませば、彼らの「なぜ助けてくれなかったの、嘘つき」ということばが、響きます。つらいです。苦しいです。

「もうこんな闘いはやめよう」、何度想ったかしれません。でも、助けを求めている子どもたちのことを考えると……。助けてください。私を、私の大切な子どもたちを。今、水谷はみなさんの助けが必要です。水谷はすでにつぶれる寸前です。

このごろ私が、あらゆる講演で大人たちにきくことがあります。それは、大人たちが、どんな子どもたちをつくりたいのかということです。心やさしく、思いやりがあり、人のために社会のために生きる子をなのか、人を押しのけても、仲間をつぶしても生き残る強さを持つ子をなのか。多くの大人たちは、当然のごとく、心やさしい子と答えます。でも、それでいいのでしょうか。

私のもとに苦しみや哀しみを訴え、リストカットや死への願望を語ってきたすべての子どもたちは、心やさしく思いやりがある子でした。その心のやさしさゆえに、苦しみ、追いつめられた子たちでした。今、私たちのつくり上げてしまった社会は、子どもたちにとって、とくに心やさしい子どもたちにとって、戦場です。いつも、親や先生たちからの、大人たちからの攻撃にさらされる地獄のような戦場です。そして、多くの子どもたちが倒れていってしまっています。

大人のみなさん、わかってください。いい子を、心やさしい子を育てるだけではだめなのです。私たちの社会を、育てた心やさしい子たちが、安心して胸を張り、やさしく生きていくことのできる、やさしい社会にしなければならないのです。

これは簡単なことです。お金も手間もかからない、実に簡単なことです。ただ一人でも多くの大人が、周りの子どもたちに、やさしさを日々配ればいい、それだけです。やさしい目を、やさしいことばを、やさしい手助けを……。やさしさ、いいものです。お金はかかりません。減りません。それどころか自然に増えていきます。私たちのこの社会を、やさしさで満たしませんか。子どもたちは、待っています。

二〇〇五年九月三〇日

水谷　修

夜回り先生　こころの授業

目次

闇の世界

私は、昨日久しぶりに名古屋で「夜回り」をしてきました。夕方の五時過ぎから夜一二時ごろまで、栄周辺と中村周辺を丁寧に回りました。

名古屋の栄では、かつて有名だった大通りでの売人の姿はほとんどなくなっていましたが、飲食街の中心の公園周辺には、西アジア系の売人がたくさん立っていました。私が、通りを隔てて立ち見つめると、これ見よがしに示威行動、私にからだをぶつけてくる売人もいました。根比《こん》べでした。でも、私がいれば、薬物の売買はできません。公園の近くには、交番がありましたが、私の回った三時間、無人のままでした。

中村は、名古屋駅の裏側です。有名な風俗街、モテルが乱立する地域です。そこでは、何名かのカップルに女性の年齢確認を行いました。ある少女は、「おい、高校生かい……」の一言に「うん……」「この子をモテルに連れて入ったら、児童福祉法違反と青少年健全育成条例違反で逮捕だよ」と中年の男を追い払い、話をしました。哀しかったです。彼女は、「どうしてこんなことを……」という私の問いに、「あの人、やさしかったから……」。言い換えれば、昼の世界の大人たち、親や先生はそれだけやさしくないということなんでしょう。

これらの「夜回り」の途中で多くの若者たちから、名古屋地区の薬物の密売状況を聞きました。覚せい剤は、すでにグラム単位では売ってはいないそうです。一万円パケ、三万円パケというお金単位で売られていて、実質、グラムあたりの単価は数万円まで高騰しています。これは、ある事情から覚せい剤の日本への密輸量が半減していせいです。関東でも同様です。その代わり、MDMAと呼ばれる錠剤型の合成麻薬や大麻が密売の主流になっていて、それぞれ密売の価格が一年前より大分安くなっていました。

しかし、夜の若者たちの情報の豊富さには驚きました。売っている場所、売人との売買の方法……、数多くの若者たちが教えてくれました。もう薬物は、夜の街の若者たちにとっては非常に身近なものになっています。それを実感した夜でした。その一方で売人たちの横をごく普通に通り過ぎる大人たち、名古屋の夜の街では、売人たちは当たり前の風景の一部になっているのでしょうか。

今こそ愛とやさしさを

今日は忙しい一日でした。昨日、松江に移動。今日午前中は、松江のある中学校で講演でした。多くの子どもたちが校長室に訪ねてきてくれました。でもみんないろいろな問題を抱えている子どもたちです。また大切な生徒が増えました。

今日はそのまま出雲空港から伊丹空港に移動。ちいさな飛行機で揺れました。そして、毎日新聞大阪本社に行き、ある賞の授賞式でした。講演より緊張しました。その授賞式で、一人の先輩のことばに圧倒され、多くを学びました。彼のことばは、「世界のどの子どもが、お金を求めますか。地位を求めますか。また戦争を求めますか……。子どもたちは求めない。子どもたちが求めているのは、親や周りの大人たちからのやさしさや愛なんです。やさしさや愛を与える、こんな簡単なことが今まったくできていない。どの子どもが、こんな哀しい世界に生まれたかったでしょう……（水谷による要約）」という内容でした。

私もそう思います。赤ちゃんを例にとれば簡単です。赤ちゃんが求めているのは、金でも地位でも戦争でもなく、ただ親から抱きしめてもらい、愛を、やさしさを、もらうことです。でも、これは赤ちゃんだけではありません。実はすべての子どもたちが求めています。一つのやさしさ、一つの愛が子どもたちの心を育てていく。やさしさや愛を与えることには、お金はかかりません。手間もかかりません。でも、こんな簡単なことが、今私たちの社会では忘れられています。

でも、ここに私は忘れられていると書きました。捨てられているとは書きませんでした。忘れたものは、思い出せばいいいんです。私は、人間を信じています。すべての人間の心の中にあるやさしさを信じます。子どもたちは、非常に極端です。一人の教員に裏切られれば「教員なんて……」、一人の大人に裏切られれば「大人なんて……」と考えてしまいます。そして心を閉じていく……。私は、そんな子どもたちと大人たちの接着剤になれればと考えています。少なくとも、水谷という大人は君を裏切らないよ、ついてるよ……。このメッセージを伝えることで、再度子どもたちに大人や教員を信じてみようという心を持ってもらいたいと思っています。

ぜひ、周りの子どもたちにやさしさや愛をほんのちょっと分けてあげてください。それが子どもたちの明日を拓きます。

「自分病」との闘い

今、私のもとには五万をはるかに超える、リストカットや自殺願望の子どもたちからの相談メールが届いています。その九割以上は女の子からのものです。また、私の講演会にも数多くのこの問題で苦しむ子どもたちが訪ねてきます。

その子どもたちと関わってみて思うことがあります。一つは、ある程度の期間以上、精神科の投薬を受けている子どもたちに、私ができることがほとんどないということです。向精神薬や睡眠薬が、それ自体ドラッグであり依存性を持つことは、みなさんも知っていると思います。また、このような薬は鬱や自殺願望などの心の症状に対して、一時的に対処するためには有効でも、それらの心的症状のもとにある原因の解決にはならず、単なる対処療法として使用するものです。それを長期にわたって投与されている場合、それらの薬への依存やそれらの副作用にまで対処することが必要になり、医療の力でなくては対処できません。

もう一つは、これらの悩みを抱える子どもたちの多くが「自分病」だということです。気持ちが常に自分の過去と今に捕らわれていて、心がぱんぱんになり、その中でリストカットや自殺願望に追い立てられています。これらの子どもたちにとって、自分は最も哀しい存在であり、人は自分のことを誰一人わかってくれず、みんなが自分を疎外していると思いこんでいます。意識がすべて今と過去の自分に向いてしまっています。その結果、親や周りの人が見えなくなってしまい、それどころか、親のやさしい一言までもが嘘に思えてしまっています。これらの子どもたちに多くを語らせ、また多くを語ることは危険です。ことばは意識をさらに自分の中へと向かわせます。私は、彼らには、「哀しいです。まずはやさしさ周りに配ってごらん。必ず変わるよ。水谷ついてます」とだけメールを返します。こんなことで彼らが救えるのかと思うみなさんもいると思います。しかし、八割がたの子どもたちはこれで気づいてくれます。他者を思いやる心、やさしさに、やさしさが返ってきたときに……。

私は、今これらの子どもたちをみなさんのもとに戻す接着剤の役割をしています。お願いがあります。私がいかに彼らをみなさんのもとに戻しても、やさしさがみなさんから返らなければ……。彼らをもっと追いこむことになってしまいます。やさしさ配ってください。

酒も怖い薬物

私は、高校での教員生活を辞めた一〇月以降、授業のないさびしさを紛らわそうとただひたすら講演会を引き受けてきました。その結果、一一月は二日間しか横浜の家にいることができませんでした。この二カ月で二七都道府県を講演で回りました。ほとんど毎日のように日本のどこかのホテルで目をさまし、自分がどこにいるのかを手帳で確認する日々でした。

私は、一二月四日には四国の松山にいました。その日兵庫県西宮市での講演を終え、最終の伊丹空港発の飛行機で松山に入りました。そして、いつも通り夜回りです。松山はこれまで何度も行っています。いつも通り「大街道」と呼ばれる繁華街周辺を夜一〇時過ぎから夜回りしました。この日は、一二月最初の金曜日、忘年会が数多く開かれたようです。大変な夜回りになりました。至る所に女性の酔っぱらい……。中には歩くこともできない女性も……。またビルの間で吐きながらうずくまる女性もたくさんいました。どういうわけか、この日の夜回りは、酔っぱらった女性を介抱し保護する夜回りでした。何人かの女性の連れの上司たちとは言い合いになりました。「何でこんなふうになるまで飲ませるのか」という私のことばに、「勝手に飲んで、こうなっただけ……。君に、何か言われる筋合いはない」との答え……。私は哀しくなりました。

お酒も、立派な薬物です。依存性を持ちますし、急性中毒で死に至ることもあります。毎年春には、何人もの大学生が急性アルコール中毒で亡くなっています。たしかに、法律では二〇歳以上の成人の飲酒は認めていますが、世界で最も多くの乱用者を抱え、最も多くの依存症者を持ち、最も多くの人の命を奪っている薬物です。このようにいうと、「酒は百薬の長……」と反論する人もいるでしょう。これは、江戸時代の貝原益軒のことばですが、このことばの後には「……、されど万病の元」ということばがきちんと書かれています。

これから嫌な忘年会シーズンが始まります。ぜひ、お酒が怖い薬物であることを忘れないでください。できれば、酒のない忘年会をやってほしいのですが、せめて節度を持って誰一人酒に飲まれず、きちんと人に迷惑をかけることのない忘年会をしてください。私の今月の夜回りは、忘年会との闘いになりそうです。

新たな一歩

今回も松山でのできごとを書きます。今回の松山の講演に、一人の一七歳の少女が五歳の弟を連れて来てくれました。はにかみながら明るい顔で私を待っていてくれました。もう私が半年以上にわたって関わっている少女で、今回は二度目の出会いでした。

私は、今年の二月、初めて彼女からの相談を受けました。彼女は、幼児期から、暴力団の組員だった父親からの虐待の嵐の中で成長しました。殴《なぐ》る、蹴《け》るは当たり前、風呂の水につけられたり、熱い風呂の湯につけられたりすることもあったそうです。母親は、必死で守ってくれたけれど、母親もひどいDV（ドメスティク・バイオレンス）を受けていたそうです。そんな中、小学校の三年生からは学校に行くことができず、家に引きこもっていたそうです。貧しさの中で、一六歳という年齢には見えないほど小さく痩せた少女でした。中学卒業後は、高校に進学させてもらえず、家で小さな弟の面倒を見ていたそうです。

私のもとに毎日何回も届く「死にたい……」「リストカットしました……」というメールや血染めのファックスに、私は、「哀しい……」「周りにやさしさ配ってごらん……」「明日をつくれるよ……」「五月には愛媛に行きます。会おうね……」と必死にメールや電話を返しました。その間、彼女は三月末には、マンションの三階から飛び降り、左足を複雑骨折しました。私は、すぐに松山に飛び、彼女と話し合い、事実を警察に通報しました。彼女の父親は逮捕、そして母親は離婚を決意しました。彼女の母親は、生活保護を知らず、夫の暴力に耐えなくては生きていけないと考えていました。

今彼女は、母親と小さい弟と三人で母子寮に入っています。母親は生活保護を受けていますが、一日も早く自立したいと、スーパーのお弁当作りのアルバイトをしています。しかも、少しでも収入が多ければと、深夜の時間帯に働いています。彼女は、母のいない間、小さな弟の面倒をみています。このところ彼女から届くメールには、必ず身近なところにある花や風景など美しいものの写真が添付されています。

今彼女は、弟のために生きることで、心の安らぎを得ています。きっともうすぐ外に一歩を踏み出すでしょう。

福祉で彼女を救えない

今回は、この三カ月間集中的に関わり合ってきた、東京都に住む一人の一九歳の少女について書きます。

今年九月の終わりに、彼女からメールが来ました。彼女は父親と二人暮らし、アルコール依存症の父親に小さいころからさまざまな虐待を受け続けている、助けてほしいという内容でした。私は、すぐ書かれていた携帯電話の番号に電話をしました。

彼女が話す虐待の内容はひどいものでした。その虐待の中、中学時代からリストカット、高校には進学せず、父親の命令で風俗で働かされてきました。夢も希望もなく死を決意したその日の夜、私の講演のテレビ番組を見たのだそうです。そして、この先生なら助けてくれるかもしれないとメールを私に送りました。

私はすぐに動きました。彼女を説得し、警察と福祉事務所に……。そして、彼女を区立のシェルターで保護するとともに、父親を暴行傷害で訴えました。彼女はシェルターでほぼ一カ月暮らしました。毎日のようにかかってくる彼女からの電話で、その度に彼女が元気になってきていることがわかりました。

ところが、彼女は寮内での人間関係からフラッシュバックを起こし、リストカット……。それと同時に強制退寮となりました。リストカットするような人を預かることはできないという理由でした。彼女はひとまず友人の家に行き、そこから私に電話をしてきました。私はすぐに福祉事務所に電話させました。ところが、彼女は一九歳で、しかも保護者として父親がいて、その逮捕もまだのため、生活保護を受けることは難しい。父親が逮捕されてから連絡するようにとの返事でした。彼女が一八歳未満なら児童相談所が、二〇歳以上なら生活保護が利用できました。……一九歳という年齢は、日本の福祉行政の狭間でした。

今日本では、家庭内の暴力や虐待から心を病んだ彼女のようなケースの子どもたちへの対応が、不十分です。年内にはなんとか彼女を説得し、我が家で預かるつもりです。彼女の父親が逮捕されれば、現行の制度でも次の道が拓けます。彼女は、私に気を遣い、一人で生きれると言っています。私は知っています。彼女が一人で生きるということは、また風俗の世界に戻るということだと……。私は、それを見過ごすわけにはいきません。でも、彼女と関わった行政の人たちはそれをどう考えたのでしょうか。

大人も苦しんでいる

ついに二〇〇五年を迎えました。昨年は、私にとって激動の年でした。「夜回り先生」という本の出版、それに伴う今の社会に生きにくさを感じる七万人を超える子どもたちからの相談メールと電話、そして、教壇から去ることになったこと……。何か一年が数日のようです。

今年も水谷は夜の世界を、「夜回り」・相談と走り回ります。今月末には私のドキュメンタリーもテレビで放送されそうですから、さらに相談は増えるでしょう。当然パンクすることになると覚悟しています。でも、昨年もパンクしそうになるたびに、日本各地の多くの若者や大人たちがさまざまなかたちで動いてくれました。そして、私の仲間として今も支えていてくれます。ありがたいです。

私の昨年は、日本の哀しみを抱えた子どもたちの想いを社会に伝えること、その現状を語ることでした。今年は、大人たちとこの私の子どもたちとの再度の関係形成のための接着剤の仕事をしたいと考えています。この一三年間私は、ただひたすら大人たちを攻撃してきました。私の大切な子どもたちを傷つける親や教員、夜の世界で子どもたちを闇の世界に引きこむ大人たちに、闘いを挑んできました。そんな私のもとに、多くの大人たちからもメールや電話が来ました。「自分たちも苦しいんです」「ただ年をとれば先生の嫌いな大人なんですか。助けてもらえないんですか」……。気持ちはよくわかっていました。でも、私は教員、子どもを救うことが仕事と背を向けてきました。それがいつも私自身にとって、何か後ろめたくつらいことでした。でも、そこまでは手が回りませんでした。

ある不通学の子どもを抱える親は、毎朝子どもに言う「学校に行きなさい」という冷たいことばに自分自身が傷つき、「この子をこんなふうにしたのは自分の責任」と自殺を日々考えていました。リストカットを繰り返す少女の両親は、お互いを責め合い離婚寸前でした。シンナー吸引を繰り返す少年の母親は、この子を殺して自分も死ねば誰にも迷惑をかけなくてすむと毎晩苦しんでいました。でも、多くの大人たちは意地っ張りです。その苦しみを子どもたちと共有していません。お互い心を開ききちんと向き合えば、いろいろな明日が開けるのに……。私は、今年は、このような大人たちの苦しみを子どもたちに一つでも多く伝えようと思います。

自立するために見守ってあげる

今回は、子育てについて書いていきます。私は昨年八万通近い、リストカットやOD（オーバードーズ・市販薬、処方薬等の過剰摂取）、自殺願望を持つ子どもたちからの相談メールや電話の対応に追われました。その中の約二割は、明らかに親から受ける幼児期からの虐待、過剰な期待、あるいは学校での陰湿で継続的ないじめ、少女期の暴行などの性的被害などのPTSD（心的外傷後ストレス障害）から心を病まされた子どもたちからの相談でした。しかし、残りの八割は、何でこんなことでというような、大人からみたら些細な理由から、追いつめられた子どもたちからのSOSでした。たとえば、友人が無視したから死にたい、両親が自分を置いて出かけたから死にたい、恋人と別れたからリストカット、誰とも電話が通じないから死にたいなどです。

今、子どもたちの心が非常に弱くなっているように思います。一人でいることができず、常に出会いや携帯電話、メールで誰かと繋《つな》がっていないとさびしくていられない。ちょっとした失敗や心に刺さる一言で、がたがたに心を傷つけられてしまう……。でも、これも当たり前のような気がします。現在家庭でも学校でも、心を鍛え自立する子育てがないがしろにされているといつも感じてきました。この例を考えてみてください。赤ちゃんは歩くことはできません。抱っこするしかない。しかしある時期になれば転んでも自分で立つまで、親は心配しながらでも手を出さず見守らなくてはなりません。子どもが助けてと泣きながら手を求めても、親はきっと手を出さずに見守らなくてはなりません。こうして赤ちゃんは自ら立つことを学んで一人で歩き始めます。これは、心についても同じではないでしょうか。ある時期までは、たしかに子どもを守り指示をしながら育てて行かなくてはなりません。でも、ある時期がきたら、自ら考えさせ、失敗をさせ、その後始末を自分でさせ、心の自立をつくることが必要です。

今、私はこの心の自立を育てる子育てや教育が、家庭や学校でまったくできていないと考えています。ある時期まではすべてを親や教員がしてしまい、ある時期が来ると一気に手を離してしまう。そのときに自立できていない多くの子どもたちが混乱し、夜の世界に入ってしまったり、あるいは心を病んでしまっている気がします。ことばの指示や教育ではなく、ただ側《そば》に居続け子どもたち自身が考え動くことを待つ子育て、教育……、大切です。

夢いっぱいの嘘つき

今日は、哀しい連絡がありました。私の関わった子どもの中の一人の母親が亡くなりました。その連絡でした。脳腫瘍でした。私が二四人目に亡くした人となりました。いっぱい幸せになってほしい人でした。

今から一一年前、私は一人のものすごい嘘つきの暴走族の少年と知り合いました。話すことの大半は、嘘やほら……、ともかくまじめに話すことのできない少年でした。でも、憎めなかった。彼は、友達思いで、警察に追われたときはいつも、しんがりを走り仲間を命がけで守る、そんな子でした。彼がいつもさびしい顔になって真顔で話すことばは、「俺なんか、生まれなきゃよかったんだ」でした。彼の母親は、目が不自由でした。二一歳のときに会社帰りに乱暴され妊娠し、親からは中絶を命令されたにもかかわらず、一つの大切な命だからと出産。親や親族から離れ、一人で彼を大切に育ててきました。

彼は母親思いでした。どんなに夜遊びして朝つらくても、毎朝仕事に向かう母親をバス停まで送っていっていました。私の大好きな少年でした。

私が彼と知り合って半年後、彼は暴走中にパトカーに追われ、逃げる仲間を守ろうとして転倒、亡くなりました。彼の葬式を忘れることができません。母親と暴走族の仲間たちで彼を送りました。母親の「この子は、嘘つき、ほら吹きだったと思います。みなさんにいっぱい嘘をついたと思います。でも、私のような母親を抱えて、この子は嘘でもほらでもついて夢を見ないと生きれなかったんです」この一言にみんなで泣きました。私は、母親に言いました。「彼は、嘘つきやほら吹きではないです。夢吹きです。彼の言うことにはいつも夢があった。こうしたい、ああしたいが、こうだ、ああだとなってただけです。彼は、言ったことを本当のことにしようといつもがんばってましたよ」

それ以来、私は子どもの嘘やほらが大好きです。子どもの嘘やほらには夢がある。過去や今から離れ明日をつくろうという夢があります。多くの親や大人は、子どもが嘘やほらを言うと叱ります。私は違います。「いいんだよ、もっともっと大きい嘘やほらを吹きなさい。ただし、ついた嘘やほらが本当のことになるようにやってみるんだよ。嘘やほらも実現すれば嘘やほらじゃなくなる」

忘却でなく決着を

今日は、新幹線で京都から横浜に戻りました。途中、関ヶ原の積雪で新幹線が一時停車……。次の講演場所に遅れるのではと、はらはらしながら車窓から、大地をすべてくるみこみ、そのすべてを純白にする雪を見ていました。美しい景色でした。この世界のすべての汚れを消し去り美しく包む雪に見とれていました。

私のもとには、たくさんの過去に苦しむ子どもたちからの救いを求めるメールや電話がきます。父親や兄からの性的暴行で心を病まされた少女たち、過去に犯した万引きや窃盗への罪悪感に身をさいなまれる少年たち、妊娠中絶で亡くした子どもへの罪悪感に苦しむ少女たち、過去のいじめで家から出ることのできなくなってしまった少年・少女たち……、ありとあらゆる過去の嫌な出来事に苦しめられている子どもたちからの心の悲鳴が届きます。

彼らの過去を、この雪のようにすべて消し去ることができたら……、そして、美しい新たな今から明日をつくる手伝いができたら、そう思いながら降り積もる雪を眺めていました。

過去を消し去る雪があるとすれば、それは「忘却」……。自分の心の成長、そして温かく守ってくれる家族や友人、恋人、それらの力をかりながら、時の流れの中で、過去の記憶を薄め消し去っていくことしかないでしょう。でも、それができないから苦しみ、そして私に救いを求めて多くの子どもたちが電話やメールをしてきています。

過去を消す雪、それは存在しません。いかに大地を雪が覆い尽くし、その下の醜いものを隠そうと、それは一時的なものです。雪が解ければまた現れてくる。地上のゴミは片づけない限り、なくなりはしないのです。これは、過去も同じです。「忘却」でいかに一時的に忘れようと、いつかはまた何かのきっかけで意識の中に現れてしまう。そして、さらに苦しむことになってしまいます。

今回は過去に苦しむ人たちへのメッセージです。過去は闘いましょう。そして、始末をつけましょう。隠すことなくきちんと多くの人に語り、助けをもらって……。過去をきれいに片づけ、そして明日を新たなる今の上につくりましょう。過去から逃げることは誰にもできません。なぜなら自らの心の中にあるのですから。きちんと向き合いましょう。

投薬治療の功罪

このところ、愛知県や静岡県、長野県の中学校や高等学校を講演で回っていました。しかし、どの学校に行っても、講演後にはさまざまな心の悩みに苦しみ、リストカットやOD、自殺願望を抱えた子どもたちが、私のもとに来ます。その数の多さに圧倒されています。そのほとんどの子どもたちは、心療内科や神経科、精神科に通院しており、投薬されている薬の影響が目元や口元に現れていました。中には、きちんと話すことのできないほど強い投薬を受けている子どももいました。

精神的な病には、二通りあります。簡単にわかりやすく説明します。一つは、脳そのものに、遺伝的にあるいは後天的な外傷などで、何らかの病を持っているケースです。このケースでは、その原因が心的なものではありませんから、その病によって発生するさまざまな症状に、投薬などを通して対処し続けることが必要となります。

もう一つは、虐待やいじめ、失恋や暴力などの心的ショックから心を病み、リストカットやOD、摂食障害や自殺願望などに陥っているケースです。このケースでは、心理療法や投薬によって一時的にその自傷的な心的葛藤を緩和し、それとともに環境を改善したり変えることを通して治療していくことが必要です。このケースで、単に投薬のみの治療を継続的に続けることは百害あって一利なしです。その心の病の背景にある原因を突き止め解決することなしに治療しうるとするなら、それは心の成長によって自ら過去のトラウマを自然に克服できるケースのみです。

私は、この一年、数万の後者のケースの人たちと関わってきました。その多くの場合、医師の安易なそして継続的な向精神薬や睡眠薬の投薬で依存症を併発し、これらの薬なしでは生活することも眠ることさえできなくなっていました。きつい言い方をすれば、心の病を治すために使われた薬でさらに壊されていました。

私は、投薬による治療を否定しているわけではありません。しかし、環境改善に努めるなどして、その病の原因の解決などに取り組まず、ただ投薬を続けるだけの精神医療行為には疑問を感じます。とくに児童や生徒の場合は、学校や児童相談所、保健所と医療機関が連携することで、これらの諸問題の解決に効果的に動くことができるのです。投薬によって壊された子どもたちを見ることはつらいです。

うれしいメール着信！

「夜回り先生」という本を出版して以来、今を苦しむ子どもたち、人たちの相談をいっせいにメールと電話で受け付け始めてから、一年が過ぎようとしています。届いたメールはすでに一〇万通を超えました。電話は数えることすらできないほど鳴り続けています。そのほとんどが、リストカットやOD、自殺願望を持つ子どもたちからのものです。しかも、加速度的にその数は増えています。

しかし、このところうれしいメールの数も増えてきました。初期のころに関わった子どもたちからの現状報告のメールです。昨年二月に学校でのいじめから「死にたい」とメールを送ってきた高校三年の女子生徒は、私の「人のために何かしてごらん」という一言で、高齢者の施設でアルバイトとして働く道を選びました。彼女からは、「今は元気です。たくさんのおじいちゃんやおばあちゃんが私を必要としてくれてます。ありがとう先生」のメールが届きました。親からの過度の期待で押しつぶされ、学校に通えずリストカットを繰り返していた昨年二月に中学三年生だった少女は、私のアドバイスで夜間高校に進学しました。彼女からは「友達いっぱいできました。まだ親はわかってくれないけど、人は人だよね。自分の幸せつくってます」というメールが来ました。

私に相談をしてきた多くの子どもたち、たしかに中には精神医療の力をかりなくてはどうしようもないケースもたくさんありました。しかし、その一方で、私は「自分病」と呼んでいますが、意識が過去と今の自分の中にだけ向いてしまい、自らを自らで苦しめているケースもたくさんありました。私は「夢を失っている子どもたち」と呼んでいます。自分というのは、他者に向き合いいろいろな出会いや関係を持つことで、初めて見えてくるものです。その外への関係を絶ち、いかに自分について考えようと、そこでは何も見えてきません。過去の嫌な思い出がただよみがえるだけです。明日への夢は、他者との関係や出会いを自ら一歩踏み出し求めることからしか始まりません。このケースで、私から「周りにやさしさ配ってごらん。人のために何かしてごらん」と言われて、動き出した子どもたちの多くが、明日に向けて生き始めているようです。うれしいです。しかし、この子どもたちの最初の一歩に、やさしさで向き合ってくれる大人が必要です。子どもたちにやさしさあげてください。

「水谷先生はさみしくないんですか？」

私のもとにたくさん届く質問の中で、今までほとんど答えることをしなかった質問があります。それは、「水谷先生はさみしくないんですか」という質問です。今夜はなぜかメール相談と電話が少ない日ですので、このさみしさについて、今まで考えていました。

私は、さみしいんだろうか……。何か考えているうちに猛烈にさみしくなってきました。そして、わかりました。私は今までさみしいということを考える暇もなく、ずっと走り続けてきたのだと。鳴り続く電話、とぎれることなく届くメール、日本各地での講演、夜の街での子どもたちとの出会い……、休むことなく生きてきた一三年間、さみしさを想う時間すらなかったようです。

でも今夜ふと立ち止まり一人想うと、さみしさがなんだかこみ上げてきます。いつも一人、常に仲間を求めず弟子もつくらない。ただ一人歩き続ける夜の街、今の自分の姿がすべてさみしさに想えてきました。「さみしい、さみしい……」何か自分が悲劇の主人公のように想えてきました。そして、今私に迫り来る死の足音が何か聞こえてきているような気がして、動悸が激しくなりました。私という存在がすべてこの世界から消えてしまう死、恐ろしさに心がおののきました。「怖い、恐ろしい、さみしい、疲れた、きつい……」嫌なことばがどんどん私の心の中に湧いてきます。不安・絶望が押し寄せてきます。涙がいつのまにか出てきて、「もういい、休みたい、消えたい……」そんな想いすら湧き上がってきました。

ちょっと苦笑です。子どもたちのさみしさに寄り添ってきた私が、さみしさを考えたとたん、さみしさにつぶされようとしている。さみしさを考えて、何になるでしょう。人は一人です。一人で生まれ一人で死んでいく。死を考えて何になるんでしょう。しょせん人は時が来れば死にます。でも、今を人のためにつかうことはできる。人生をみんなに幸せを配って生きることはできる。考えても仕方のないことは、考えない。それが今までの私の生き方でした。

さて、今夜はこれから夜の街に出ます。たくさんの寒さに震える子どもたちと会ってきます。いっぱい元気もらってきます。

私は、今日から「水谷先生はさみしくないんですか」という質問に、胸を張ってこう答えます。「きっといつもさみしいんだよ。だから、人のために生きる。誰かに笑顔をもらうため」

夢を失っている子どもたち

先週は、長崎で筑紫哲也さんとの仕事でした。私にとって筑紫さんは、最も尊敬している人、緊張の連続でした。筑紫さんのやさしさと思いやりで、まずまずの仕事はできたと思います。でも、四時間半の仕事でしたが、こんなに疲れた日はこのところありませんでした。

ところで、長崎では二晩夜回りをしました。私が夜回りをした日は、長崎のランタン祭りで、大変な人混みでした。そして、夜遅くまで多くの若者たちが街角で固まっていました。一組一組と丁寧に話し合いながら、数時間の夜回りをしました。

うつろにビルの階段に座りこむ女子中学生たち、なかなか帰ってくれませんでした。「どうせ親は心配してないよ。あきらめてるよ」、哀しいことばでした。歯を見ると、すでにシンナーで溶けてしまっている十代の少年たち、私のシンナーの害についての話を神妙に聞いていました。病院とダルク（薬物依存症者のためのリハビリテーション施設）を紹介しましたが、行ってくれるのやら……。駆け寄ってきた一人の母親は、少年院から戻ってきたばかりの自分の一七歳の娘の覚せい剤乱用について、必死に相談してくれました。長崎でも、シンナーを中心に覚せい剤まで広く薬物が、子どもたちの間に広まっていました。哀しいことでした。

初日の夜回りは、午後一一時半過ぎから午前二時ごろまで、思案橋付近を広く回りました。街角のあちらこちらにたむろする若者たち、その側《そば》を何の違和感もなく足早に通り過ぎる大人たち。哀しい風景でした。今、日本中のどの街で夜回りをしても、若者たちが必ずたむろしています。しかも、うつろにさびしげに。本来なら昼の世界で、太陽の下で、明るく明日を夢見、明日のためにいきいきと活動しているべき子どもたちが、夜の街に沈んでいます。道にたむろする若者たちが、夜の街の当たり前の景色にまでなってしまっています。それに対して、東京都は厳しい警察による取り締まりで排除に、私の住む神奈川県は深夜業の店舗への法規制や指導要請で対処しようとしています。

長崎で夜出会った若者たちは一様に言いました。「もういいんだ。どうせ昼の世界は相手にしてくれないから」夜の世界の子どもたちは明日の夢を失っている子どもたち。明日の夢さえ昼の世界でつくることができれば……。誰が子どもたちに明日の夢をつくるべきなのでしょう。大人の責任です。

音のない世界

ついに水谷もインフルエンザに感染しました。茨城での雪交じりの雨の中での講演、その後、からだ中が痛く何か熱っぽいまま福岡に。そして福岡のホテルで目覚めて気づきました。熱は三八度代ですが、くしゃみ・鼻水が止まりません。ふらふらしたまま北九州市で薬物乱用防止講演会でした。つらかったですが、生きてることをからだの痛みやつらさから直接感じることができました。病気の自分も考え方によっては生きている証拠、そんな中、つらいからだにむち打ち講演することも、きっと多くの子どもたちに、生きることの意味と意義を伝えるために役立つと思います。

生きることのつらさ、病のつらさ、それにつぶされ、今を悩みの中に沈めることは簡単です。でも、そうしたところで何になるんでしょう。大切な今を失うだけです。つらかろうが生きにくかろうが、明日は自然に来ます。その大切な明日を失うわけにはいきません。水谷はそんなときは居直ることにしています。今はつらくてもいい、今は生きにくくてもいい、でも明日は来る。そのために今をつかう。たくさんの人のために何かをし、たくさんの人にやさしさを配る。返ってくる多くの笑顔が、新しい幸せな明日を拓いてくれる。今に悩んでいる人、やってみませんか。

ところで、インフルエンザは水谷に大変なプレゼントをしてくれました。九州福岡空港からの帰りの飛行機で水谷は熟睡していました。鼻水をすすりながら。羽田につく直前大変なことに気づきました。静かなんです。まったく何の音もない静けさの中にいました。どうも鼻水が気圧の関係で耳の管をふさいでしまったようです。

今も静けさの中にいます。最初は違和感を覚え、何か耳の周りの感覚がなく気持ち悪かったのですが、今は受け入れています。そして、私たちが日々ものすごい音の洪水の中に住んでいることに気づきました。電話での相談を受けることができないのは心苦しいのですが、しばらくこのまま音のない世界で、ただ頭の中に響く自分の声を聞いていていようと思います。

すべては考えようです。不幸せや幸せは絶対的なものではありません。その人のそのときの想いの中にあります。不幸せと想えば不幸せ、幸せと想えば幸せ……。

私のもとに相談してくる多くの子どもたちにわかってほしいことです。

心を語る目

そういえば、長崎で筑紫哲也さんからとても興味ある話を聞きました。今から一〇〇年以上も前幕末のころ、多くの外国人が日本に来ました。彼らが本国に戻ってから、当時の日本について多くの書物を書いています。それらに共通する日本の当時の子どもたちについての記述があるというのです。どの書物にも、「日本の子どもたちは世界で一番かわいい。何より目が輝いている。それに日本の大人たちはとても子どもたちをかわいがっている。いつでも抱っこやおんぶし、側《そば》に近づくと私たちに抱き上げて見せてくれる。こんなに子どもたちが幸せな日々を過ごしている国はない」と書いてあるというのです。何となく納得できました。なぜなら私が子ども時代もそうでしたから。

でも、今はどうでしょう。子どもたちはそれだけかわいがられているのでしょうか。子どもたちの目は輝いているのでしょうか。私の住む夜の街の子どもたちの目は、ほとんどと言っていいほどうつろです。でも私が講演会場や昼の町で出会う子どもたちの目からも、輝きが消えてきている気がします。「目は心の窓」と言われます。人は、明日への夢や希望に生きているときに目を輝かせます。言い換えれば、今の日本の子どもたちの多くは、明日への希望や夢を失っているのではないでしょうか。

それでは、どのようにして子どもたちの目に輝きを取り戻させればいいのでしょうか。私は、これは簡単なことに思えます。まずは褒《ほ》めてあげること。子どもたちの良いところをいっぱい見つけ、親や教員、周りの大人たちがきちんと認め褒《ほ》めてあげることです。そして、子どもたちの明日の夢を一緒に考えていく。すぐにできることです。でも、これにはある前提が必要です。子どもたちを認め褒《ほ》めてあげる大人自身が、明日への希望や夢に満ち、輝いた目で語ることです。今の日本でこれをできる大人はどれだけいるのでしょうか。このところ私は、子どもたち以上に大人たちが病んでいるように感じています。どうぞ、みなさんの周りを見渡してください。目を輝かせ明日を熱く語る大人はどれだけいますか。

私が二二年間の教員生活で最も幸せを感じたのは、関わっている子どもたちの目が輝いていくことでした。そのためにいつも私自身が明日を夢見てきました。

ある女子学生の闘い

三月三日ひな祭りの日、ある卒業したばかりの女子大生から一本の電話がかかってきました。「これから自殺します。敵《かたき》を討《う》って……」という電話でした。なんとか説得を繰り返しながら事情を聞きました。彼女は、地方都市の大学の二部すなわち夜間部の学生でした。大学二年の終わりに、教わっていた大学教授にレポートのことで夜、研究室に呼び出され乱暴されました。それからの二年間は自分を責め続けたそうです。「なぜ夜研究室に行ったのか、なぜ叫ばなかったのか」と。彼女は母子家庭で、一生懸命働きながら彼女を大学に入れることだけを夢見てがんばってきた母親を悲しませたくなく、なんとか卒業するまではとがんばってきたそうです。しかし、卒業式で正装し口から美しいことばを並べる大学教授の姿を見ていたら、自分が哀れになり死を決意したそうです。

私は、何度も何度も彼女に伝えました。「君はまったく悪くないんだよ。悪いのはすべてその教授。きちんと闘おう」朝方彼女は母親にすべてを話してくれました。私は母親とも話し、闘いを始めました。

まずは朝、大学の担当窓口の責任者に電話しました。担当課長は何を勘違いしたのか、セクハラ担当の女性カウンセラーに連絡してほしいと私に言いました。私は、「これは、犯罪ですよ。もしあなたの大学で学生が刺されたらどうしますか。警察を呼ぶでしょう。この女子学生はからだだけでなく心も刺されているんです。刑事事件ですよ」と言い返し、それから学長と話し、その日の午後に彼女と大学に行くことにしました。

彼女はきちんと駅まで来てくれました。しかし、タクシーで大学が近づくにつれ、全身を震わせ泣き始めました。「大学の人に、外に来てもらうかい」という私からの一言に「いえ、行きます」こういって大学に入りました。そして、大学の副学長と担当者にきちんと事実を伝えてくれました。今大学は、弁護士などの第三者を立て、彼女を守るために動いてくれています。

彼女は、あの教授に「二部の学生である君が何を訴えても、大学側は教授である私を信じ、君のことは信じない」と言われ、今まで相談できないでいました。今、彼女は新しい明日を拓こうとしています。きつい闘いが続くでしょうが……。

父の暴行に耐え続け

今、兵庫県の一九歳の女性から電話がありました。この女性とはすでに一年以上関わってきました。中学生時代からアルコール依存症の父親に乱暴され続けてきた女性です。ずっと我慢し続け、その結果心を病み、リストカットそしてＯＤの中に救いを求め、なんとか生き抜いてきた子でした。私に昨年二月に相談してきたときは、父親からの暴行を避けるため、夜は自分の車の中で寝ていました。毎晩です。

私は、すぐに警察を動かし彼女と会わせました。警察の担当者の必死の説得にも彼女は応じず、自分はもう自分で守れるからと、父親を訴えることを拒否しました。

そのような中、彼女の住む地域の近くで講演をしたときに来てくれました。私は、「よく生きてきたね」と言いながら、何度も何度も彼女のリストカットの跡をなで、一緒に泣いていました。

彼女から今までのことをすべて聞きました。つらかったです。知的障害を持つ弟がいて、その弟の生活があるために訴えることをやめたことも聞きました。それでも私は説得を続けました。彼女の「私さえ我慢すれば……」のことばに、「過去は闘わないと乗り越えれない」「人はしたことはきちんと償わなくてはならない」と。しかし、彼女はさびしそうな笑顔を浮かべて首を横に振り続けました。

その後も続く父親からの暴行。彼女はそのたびに私に電話をかけてきました。私はついに半年前に彼女の家に警察を送りこみました。そして父親を警察署に出頭させ事実確認に入らせました。しかし、父親は完全黙秘、彼女も訴えることをしてくれませんでした。ただ、母親は、初めてその事実に気づき、それからは彼女と同じ部屋で寝てくれました。

そのような小康状態の中、私は彼女に家から出ることを勧めました。でも、いつも答えは「ノー」、彼女が家を出たら、障害を持つ弟が、父親からさらにいじめられるからというのです。児童相談所を動かして弟を保護する方法もあることを伝えましたが、「弟はお母さんと一緒じゃないと」と動いてくれませんでした。

そして、今日昼間、母親がいないときに、父親から暴行されたと泣きながら電話してきました。私が「警察を送る」と言うと、「私が我慢すればいいんだから……」と泣きながら答えました。私は、またパトカーを送りました。私の判断が正しいのか私にはわかりません。でも、私にはこうすることしかできませんでした。

心の年齢

今私の講演で大変なことが起きています。京都・岐阜・三重とどの会場もパンク、何千人もの人たちが殺到しています。これは、決してうれしいことではありません。私の講演は、私が関わってきた子どもたちの哀しみを伝えることを通して、多くの子どもたちには生きる勇気を、多くの大人たちには子どもたちへやさしさを配ってほしいと、行っているものです。このような哀しい講演会にこれだけの人が集まるということは、それだけ今の日本が病んでいるということです。

また、どの会場にもリストカットやODに苦しみ救いを求めている子どもたちや、薬物の魔の手から逃れようと私に助けを求めてくる子どもたちが来てくれます。その数の多さと状況の深刻さに圧倒されています。そして、その子どもたち一人一人と出会うたびに、彼らの求めているものが見えてきます。ことばでもものでもお金でもなく、ただ誰かに寄り添ってほしい。そして、ともに生きてほしいという心の叫びが見えます。

それとともに、長年引きこもりや不登校、あるいは向精神薬などの投与を受けてきた子どもたちや大人たちに、心の幼さを見ます。私が今関わっている三一歳の女性は、中学時代のいじめから不登校になり、そのまま引きこもりへ。リストカットや自殺未遂を繰り返し、精神科の投薬を一五歳から受け続けてきました。この女性と電話で話すたびに思うのは、彼女の精神的な成長が中学生のときで止まったままだということです。

人は人との出会いや交流の中で、心を成長させていきます。当然その出会いや交流がいつもすてきなものとは限りません。つらいこともあるでしょう。でも、この実際のふれあいを通してしか、心は成長していきません。不登校や引きこもりになってしまうと、このふれあいを失います。そして、その年齢の幼い心のままでからだだけが成長していき、そのアンバランスのためにさらに苦しんでしまいます。

今、私は、相談してくるこの問題を抱えた子どもたち、人たちに、それぞれ止まってしまった当時の精神年齢に応じた対応をしています。そして、私とのふれあいを通して少しずつ心が成長して生きてくれればと願っています。みなさん、悩んでいる人をただその肉体を外見で見ずに、心の年齢も見てあげてください。

ソウルでの出会い

私は、三月の末に三日間、韓国のソウルに行ってきました。これは、私の本「夜回り先生」が韓国で翻訳出版され、それを読んだ青少年問題に取り組むいくつかの機関・団体から来韓の要請があったためです。

今韓国では、「一陣会」という小中高校生の暴力集団によるいじめや校内暴力が、国家的な問題となっています。韓国の専門家の分析では、韓国全土で四〇万人に及ぶ小中高校生が、この組織に何らかの関係を持っているといわれています。そして、彼らのいじめや暴力のため、学校に通うことができなくなる児童・生徒やその苦しみから自殺する生徒が出ています。韓国政府は、この問題に対して、スクールポリスの導入や、密告した生徒の罪の軽減など、力で対処しようとしています。私は、専門家たちとの意見交流の中で、単に現象に対する対処だけでは解決にならないこと、厳しく取り締まれば今度は日本のように、学校内から夜の街へと彼らが活動場所を変えさらに対処が難しくなること、根本的な解決のためには、なぜ子どもたちがそのような組織をつくり仲間や学校・教員に対して攻撃をしているのかを、きちんと分析し対処することが必要であることを伝えました。「人を虐《しいた》げたい、人を傷つけたいと生まれたときから考えている子どもはいません。何が彼らをそうさせてしまったのか。社会や家庭、学校のあり方の中に問題があるはずです」という私のことばに、多くの専門家たちがうなずいてくれました。

ソウルでは、二本の市民講演会、家族に恵まれない子どもたちのオルタナティブスクールでの講演、一つの高校での講演をしてきました。市民講演会では多くの方々が、私の話す日本の「夜の世界の子どもたち」の現状について、熱心に聞いてくれました。学校での講演も、多くの子どもたちが目に涙をため、私の関わった哀しい子どもたちの話を聞いてくれました。

しかし、哀しい出会いもありました。韓国の書店で夜サイン会をやりました。多くの中学生や高校生が来てくれました。何人かの中学生が、たどたどしい英語や日本語で書いてくれた手紙をくれました。その中の一通は、「死にたい。リストカットしてやっと今まで生きてきました。でも、先生の本でもう少し生きてみようと思いました」という内容でした。また、韓国に行きます。

春を探しに出かけよう

桜の便りが日本各地から聞こえてきます。また、各地の小中高等学校の入学式も始まりました。私の家の近くの小学校も今日が入学式、たくさんの子どもたちが目を輝かせて我が家の前を通り過ぎていきました。明日からは、からだと同じぐらいのランドセルを背負った子どもたちを眺めることになりそうです。

私のもとにも、昨年関わった多くの子どもたちから、春を告げるうれしいメールがたくさん届いています。昨年夏に、高校でのいじめが原因で不登校、リストカットに走り、「死にたい、死にたい、何で死んではいけないの」というメールを何度も送って来た高校三年生の女子生徒は、なんとか高校を卒業し、私の勧めで障害を持つ高齢者の介護施設に就職しました。彼女からは今日「先生、仕事始まりました。多くのおじいちゃんやおばあちゃんが私を頼りにしてくれる。人に頼られるっていいですね」という明るいメールが来ました。昨年秋に職場での人間関係のこじれ、セクハラから「今から死にます」というメールをくれたある小学校の養護教諭は、さまざまな上司からの圧力の中で私の支えできちんと闘い抜きました。そしてこの春から新しい小学校に異動しました。彼女からは「どんなにつらいことがあっても、きちんと生き抜けば明日が来るんだね。先生のことば『冬来、春不遠（冬来たりなば春遠からじ）』の意味がわかりました。新しい子どもたちと新しい明日をつくれそうです」といううれしいメールが届きました。

春はさまざまな命が芽生える季節です。一年のうちで最も生命の躍動を、自然とのふれあいの中で感じることのできる季節です。多くの苦しんだ子どもたちが、この春新しい環境の中で再生してくれています。

でも、そのような中でも、たくさんの今に苦しむ子どもたちからのメールも続いています。家に引きこもり続け、メールや電話に救いを求める多くの子どもたちからです。私は今彼らに、こう返事しています。「まずは今までのことや悩みをそっと横に置いて、太陽の下に出てみよう。そして、春を探してごらん。たくさんの春を……。そして春を見つけたら、それを水谷に知らせて」たくさんの子どもたちから、写メールで桜やれんぎょうなどの花の便りが届きます。

過去と今に苦しんでいる人にお願いです。春は命の季節、明日を再び始める季節です。たくさんの春を感じてください。たくさんの春にふれてください。明日への力をもらえます。

国境なき心と心で

水谷は今年、春を満喫しました。二月の沖縄の緋寒桜から始まり、四月はじめには長崎で満開の桜を、そして一昨日は京都の高尾で桜花総覧です。ぼたん桜、そめいよしの、山桜、しだれ桜がいっせいに高尾の山を彩《いろど》っていました。きれいでした。ことばを失うほど美しかったです。心が洗われました。美しいものは人の邪気を取ってくれるような気がします。そして明日への力をもらったような気がします。案内してくれた人が、彼の人生でも初めてというほどすばらしい桜花総覧でした。三月の寒さの中、我慢に我慢を続けた桜たちの春の喜びはすてきでした。

実は今回京都に桜を見に行ったのには理由があります。私には一人の韓国人の友人がいます。卓石山という人物です。年は私と同い年、なかなかの人物です。彼は、私と同じ哲学を大学で学び、ソウル大学で教鞭《きょうべん》をとる一方で、テレビやマスコミで今後の韓国のあり方について多くの提言をしてきた人です。韓国では相当な有名人で、一部の人はいつか大統領にと思っているようです。ちなみに本人にはそんな気持ちはありません。その彼が、私が三月に訪韓したときに、「日本の桜が見たい」とそっとつぶやき、そんな彼のために私が招待した一泊二日の旅行でした。韓国人の彼と日本人の私が英語でコミュニケーションを……。とても異質で二人で反省しました。

彼とは、竹島（独島）問題をはじめ多くの日韓の問題について、夜を徹して話し合いました。互いの国と国との間の過去から現在までの相克《そうこく》は哀しいことです。でも、彼の一言はすてきでした。「国と国との間にはたしかに国境があり、今はそれで混乱し互いに憎しみが生まれています。国境はたしかに現実に国と国を分ける。でも、人の心と心の間にそれはありません。現に今水谷と私は友人として理解し合い、明日を語っている。いつか国も学ぶでしょう。心に国境はつくれません」とても、すばらしいことばでした。

でも、そのことばで私は哀しくなりました。私が関わっている多くの日本の子どもたちは、国の区別もなく、それどころか地縁や血縁までありながら、愛し合えず信頼できず苦しんでいる……。

みなさんにお願いがあります。私たちは、日本人である前に人間です。親である前に子どもである前に先生である前に生徒である前に、人間です。一人の人間として子どもたちと向き合いませんか。

水谷先生の原点、夜間高校

昨日は夜、山梨県立甲府工業高校定時制で講演をしてきました。久しぶりの定時制高校（夜間高校）での講演、とても楽しかったです。年齢もさまざまな多くの生徒たちが熱心に私の話を聞いてくれました。やはり私にとっては夜間高校は教育の原点です。

ところで、私は横浜の夜間高校で一三年間教員をやっていました。横浜市は昨年まで五校の夜間高校を持っていました。しかし、この三月で、四校が廃校となりました。私にとって、この夜回りの原点となった横浜市立港高校も廃校となりました。

もともと夜間高校は、戦後中学校卒の勤労青少年のために造られた学校です。高校進学率がほぼ一〇〇パーセント近くなった現在、その存在意義はなくなったという理由からでした。哀しかったです。

たしかに、高度経済成長が終わり経済の安定期に入った一九八〇年代ごろから、夜間高校は変質しました。「一五の春を泣かすな」ということばで始まった高校全入の流れの中で、本人の希望にもかかわらず全日制の高校に入学できなかったさまざまな問題を抱えた子どもたちが、夜間高校の生徒の主流となっていきました。学習意欲もないままに夜間高校に進学、非行や暴力などさまざまな問題が学校内外で起こりました。この時代を「夜間高校の荒れた一〇年間」といいます。しかし、多くの夜間高校の熱心な先生方の生徒たちとの熱い関わりの中で、多くの生徒たちが更生し、自立していきました。

一九九〇年代半ばから、夜間高校はさらに新しい子どもたちと出会うこととなりました。子どもの数の減少によって、今や日本ではほとんどすべての中学校卒業生が全日制の高校に入学できる状況となりました。そのような中、小中学校で学校に通えなかった生徒たちや、心やからだに障害を持つ生徒たち、日本語の不自由な外国籍の生徒たち、高齢になってから再度高校の勉強をしようと入学してくる生徒たちの、学び直しの場となってきました。そして現在はこの不景気の中で、親のリストラなどで私立高校に通学できなくなった生徒たちもたくさん転校してきています。

横浜市当局は、この新しい夜間高校の存続意義についてあまりにも理解がありませんでした。私は、在職中から夜間高校の存続をめぐってさまざまな活動をしてきました。しかし、四校が消えました。横浜市は大切なものを捨ててしまいました。

「心の病」を理解して

新学期が始まり学校についての相談が増えてきています。「先生、学校に行くのつらい。おなかが痛くなる。休ませてとお母さんに言ったら、何甘えてるのと叱られた。つらい」「クラスになじめなくて保健室登校してたら、担任の先生に無理やり教室に戻された。死にたい」などたくさんの子どもたちからの悲鳴が届きます。そのたびに、日本の大人たちは「心の病」について本当にわかっていないと哀しくなります。どうしてその子どものつらい状況を理解し、子どもに寄り添い、その原因を探り解決しようと考えてくれないのでしょう。血が流れなければ病気ではないのでしょうか。痛みでのたうち回らなければ病気ではないのでしょうか。

もし、自分の子どもが四二度の熱をだしていたり、胃痙攣《けいれん》で苦しんでいたら、親はどうするでしょう。無理やりにでも学校に行かせるでしょうか。すぐに病院に連れて行き治療を受けさせるのではないでしょうか。また、もし自分のクラスでいじめや傷害事件が起きたら、担任はどうするでしょうか。被害者である生徒を保護し守り、その原因をきちんと解決するでしょう。たしかに、「心の病」は外傷や他の病気と比べて、その傷や症状が見えにくく、単なる本人の甘えととられてしまうことが多いです。そのために親や教師から責められ、さらに傷つき、症状を悪化させているケースが目立ちます。しかしこの「心の病」は、一つ対処をまちがえれば、子どもを自殺に追いこんでしまう可能性もある重大な病気なのです。私がこのように書けば、「それなら『心の病』と『甘え』の区別をどうつけるのか。単なる甘えだったら厳しく対応しなければ、怠け癖がついてしまう」という親や教師も多いと思います。でも、「心の病」か「甘え」かの判断は、誰が見極めることができるのでしょうか。心の専門家でもない親や教師にその判断はできるのでしょうか。私にもできません。だから専門家の力をかりています。

「心の病」は見えにくく、原因がその子どもの環境や人間関係、生育歴などと複雑に絡みこんでいるケースが多く、精神科の医師による一時的な対処療法や、カウンセラーなどの心理専門家による継続的な心のケアに加え、学校や児童相談所、保健所などの専門機関の連携による環境改善などが必要です。子どもたちが生きにくさを見せたとき、ぜひ多くの専門家の力をかりてください。

花、きれいです
美しいものは、人の心を美しくする

でも、子どもたちの笑顔
もっときれいです

明日が見えます

優しいことば、話してますか
楽しい想い、語ってますか
憎しみは憎しみを
哀しみは哀しみを
醜いことばは、明日を汚します

ただ野辺の花のように
優しさ、そっと子どもたちに……

人は、ただ一人
さびしい存在です

でも
朝のこない夜はありません
やまない雨も

今がつらいから
今が哀しいから
明日が来るんです
幸せが

哀しいとき
人は下を向きます

止めよう

つらいとき、哀しいとき
そんなときこそ
顔を上げ、明日を見よう
今を過去で汚さず
今を明日のために
明日は今からつくるものです

夜の闇は優しい
それは、ひとときの嘘の世界だから
朝になれば……

夜の町の子どもたち
哀しい
でも
その子どもたちを嫌う大人たち
憎い

優しさや愛は空気
なければ生きれない
でも、ふだんは見えない

空気感じるには
手を動かせばいい

優しさ感じるには
優しさ配ればいい
愛感じるには
愛を配ればいい

人は、なんで生きるんでしょう

それは、だれかを幸せにするため

今、この瞬間に
多くの子どもたちの命失われてます
なぜですか

だれが子どもたちを殺すのか

だれが子どもたちを闇に落とすのか

私たち大人です

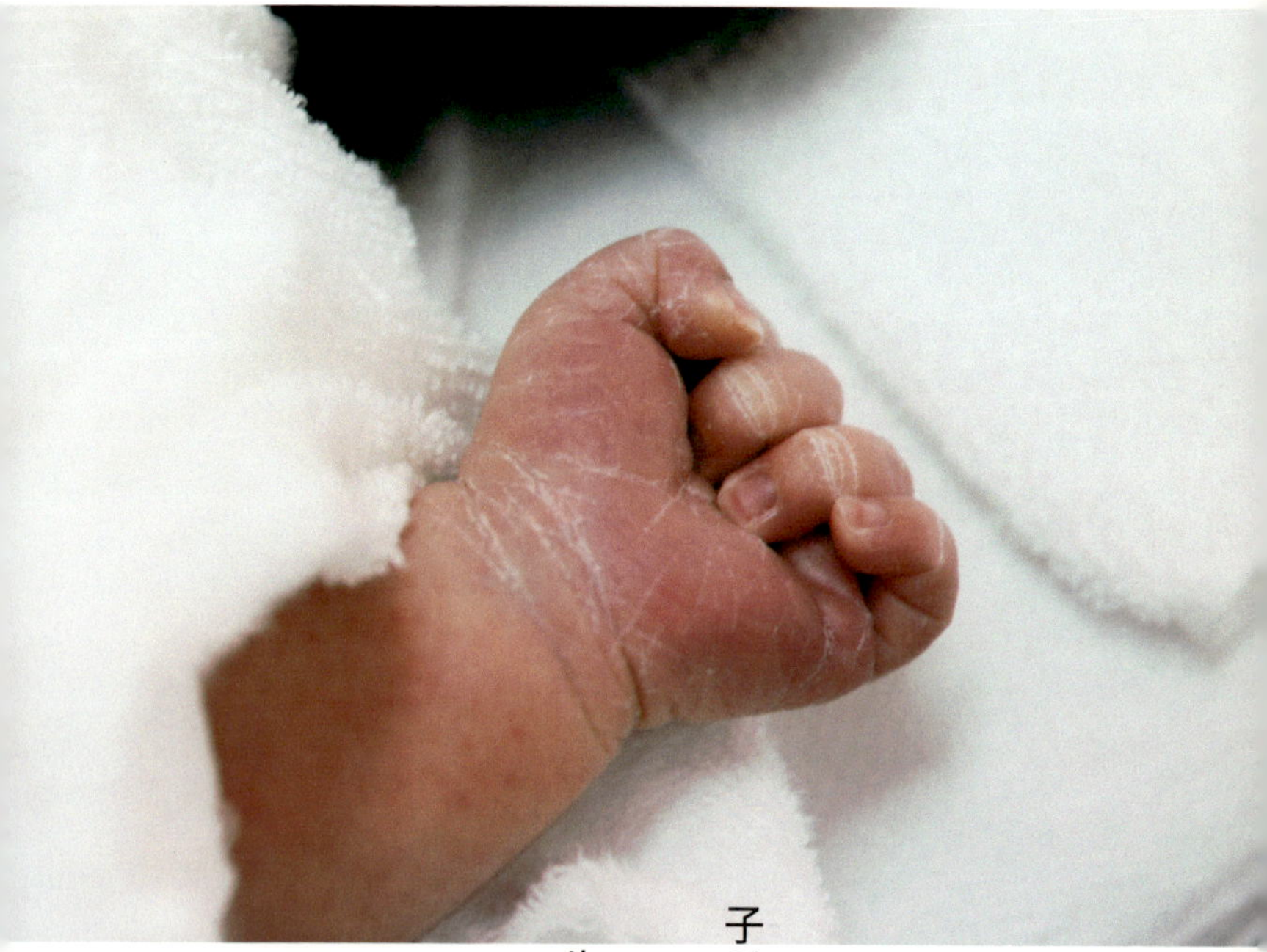

子どもたちに伝えましょう
いいもんだよ、生きるって
子どもたちに伝えましょう
生きていてくれてありがとう

講演は子どもたちのために

今回は、日本中を騒がせてしまったようです。まさか、私のことがヤフーニュースのトップになるとは……。日本も暇な国だな、また配信元のある大手新聞も暇な新聞社だなと思いました。

実は、私はこの五月八日に岡山県倉敷市で行われたある会で、講演をすることになっていました。ところが前日の夜私のもとに「先生、せっかく明日私の住む倉敷に来てくれて講演してくれるのに……。一五〇〇円の入場料なくて講演会に行けません。死にたいです」「先生の講演聞きたかった。でもお金ないです。つらいです」

などのこの講演に関するメールが三通届きました。私は、すぐにメールを返しました。「水谷は、講演しません。君たち子どもたちからお金を取る講演はいっさいしません。死なないで。でも、会場には行きます。倉敷で会おうね」そして、その講演会を主催する人たちに、中止要請をしました。彼らからの会場費等の必要からという説明はよく理解できました。でも、「一人の子どもでも、このようなかたちで死を語ってしまったり、哀しみを語ってしまったりする講演はできません。また、水谷は子どもたちからお金を取る講演会はしません。入場料の件は聞いていませんでした。講演会、勘弁してください。明日は、私も会場の入り口まで行き、来てくれた四〇〇名の方々に謝罪しますが、講演はしません」と断りました。

当日は、私はお金を返していてくれたら、あの三名の子どもたちも中に入れていただき、講演しようと会場に向かいました。やはり来てくれた人たちへの迷惑を考えるとつらかったからです。でも会場近くでタクシーを降りた瞬間に、講演することを止めました。それどころか怒りが湧いてきました。私を取り囲んだのは私にとって最も大切な子どもたち、スタッフの子どもたちで、口々に「講演してくださいし」と私に頼んできました。責任ある大人は誰もいません。汚いやりかたです。許せませんでした。会場の入り口で謝罪し、必ず今度は無料の講演会を倉敷で実施することを約束して戻りました。

でも、来てくれた三人の子どもたちの一人が「先生、私のためにありがとう。うれしい」この一言が私を癒してくれました。多くの人たちのために一人二人の想いを抑えることと、一人二人のために多くの人に我慢してもらうこと、私にはどちらが正しいのかわかりません。でも、これからもただ一人のためだけにも生きていきます。

真っ白な心をもう一度

今週は、久しぶりにうれしいことがありました。私の講演の会場に、一〇年以上も前に関わった少女が、といってもすでに女性ですが、赤ちゃんをつれて来てくれました。

もう、一一年になります。彼女は私の勤める定時制高校の生徒でした。全日制高校を中退して私の学校に転入してきました。会ったその日に私は、彼女が薬物を乱用していることに気づきました。その瞬間に、私は彼女に「おい、何の薬やってる。覚せい剤か。死ぬぞ。助かりたかったら相談においで」と言っていました。彼女は小さいころからアルコール依存症の父から受ける家庭内暴力や虐待のせいで、リストカットやシンナー、処方薬の乱用を続けていました。私はその話を聞いた後、彼女にこう言ったそうです。「生きていてくれてありがとう。リストカットしてくれてよかった。だから生きてこれた。薬物に感謝。だから生きてこれた。でも今日からは、水谷がついてるよ。一緒に生きよう」実は私は、今回彼女が目にいっぱい涙をためて「先生、あの一言で私の人生変わったんだ」と言ってくれるまで、忘れていました。

その後彼女はよくがんばりました。三年にわたる専門病院での入院、薬物依存症者のための施設での五年以上に渡る共同生活、そして、通信制高校の卒業、結婚、出産。私は出産の連絡を受け、彼女にベビー服をプレゼントしました。それを着せて三人で会場に来てくれました。

私は、赤ちゃんを抱っこさせてもらいました。小さくて壊れそうで、必死で抱っこしました。目が輝いていました。すてきな目です。無邪気に、誰のことも疑わず、明日の幸せを信じている目、最高でした。そして、思いました。生まれたときに、人を傷つけよう、人を虐《しいた》げよう、殺そう、薬物を使おう、からだを売ろう、リストカットしよう、自殺しよう、そう思って生まれてくる子どもはいるのでしょうか。どんな子も、人を信じ、親を愛し、明日を夢見て生まれてくる。誰が、このかわいい子どもたちを、真っ白な心の子どもたちを汚し、非行や犯罪、心の病や自殺へと追いこんでいるのでしょうか。哀しくなりました。

これを読んでいる子どもたち、大人の人たちにお願いがあります。一日に一回でいいですから、自分の心を赤ちゃんのときの真っ白な心に戻してみませんか。きっと何かが見えてきます。

一人の人間として向き合う人を待っている

「夜回り先生」という本を出版し、メールアドレスを公開して一年五カ月になります。メールによる相談は、ついに一四万件を超えました。電話は、常に一日中鳴り続けています。数は数えることすらできていません。なぜこんなに多くの相談が私のもとに届くのでしょうか。

日本には、教育委員会や保健所、児童相談所、警察、あるいは各自治体が独自に設けている相談ライン、また日本中の子どもたちのためのさまざまな機関が展開している相談所があるはずなのに。

私には、この理由は簡単なことにみえます。それは、私が自らの名前やしていることをきちんと出しているからだと考えます。つまり、相談者の顔とその人となりが見えるからだと思います。傷ついた子どもたちは繊細です。大人によって傷つけられ、大人という存在そのものに恐れを抱いています。相談したくても、相手が男なのか女なのか、どんな人なのか、どのように相談に乗ってもらえるのかがわからなければ、怖くて相談することを止めてしまいます。私のように顔を出していても、それでも何度もメールを書いては消し、何度も電話をかけてきても、受話器から私の声が聞こえると怖くて切ってしまい、やっとのことで半年後に相談が始まった子どももいます。子どもたちが求めているのは、自分の相談に寄り添ってくれる一人の人間です。

今社会のほとんどの大人たちが、自分の責任で動くことを止めているように思えます。ある組織の中でその一つの部品として自分を消し、組織の代弁者として動いている。子どもたちが救いを求めるのは、先生とか大人とか医師ではなく、ある一人の人間になのです。子どもたちに、先生としてではなく一人の人間として、親としてではなく一人の人間として、きちんと向き合っている人は、どれだけいるのでしょうか。子どもたちの目から見たら、きっと自分の周りの大人たちはみな同じ顔の、しかも仮面をつけた不気味な存在に見えているのではないでしょうか。

ぜひ子どもたちに、一人の悩み、苦しみ、喜び、楽しむ人間として、いきいきとした人間として向き合ってください。そうすれば子どもたちは心を開いてくれます。それだけで、今日本中で苦しんでいる多くの子どもたちが救われます。子どもたちは、待っています。

いつも笑顔でいてください

　このごろずっと考えていることがあります。それは、日本の多くの親たちは、自分の子どもに何を求めているのかということです。これを親たちに聞けば、多分一様に「幸せになること」と答えるでしょう。これは、明らかです。でも親たちは子どもたちに日々、具体的に何を求めているのでしょう。学校に行くこと、しかもいっぱい勉強して、少しでもいい学校に進学し、さらにいい会社に勤めること。これを求めている親も多いと思います。サッカーや野球を上達させ、プロの選手になること。このような親もいるでしょう。何か、日本の多くの親たちが、自分のできなかったことや、自分にとっての理想を子どもたちに押しつけているように思えます。こうした親たちからの要求で、多くの子どもたちが追いこまれています。

私が、すべての子どもたちに求めているのは、「日々笑顔でいてくれること」それだけです。これではいけないのでしょうか。私のもとには、多くの「死にたい」「生きていていいの」という相談メールが来ます。親からの虐待によるものも多いですが、親や教員たちからの過剰な期待に無理に答えようとして、無理をしすぎつぶれている子どもたちからの相談も少なくありません。

子どもたちの未来は、子どもたち自身が自分で決める権利を持っています。私たち大人が、親や教員ができること、すべきことは、知識やお金を与えるだけではなく、いろいろな本や人との出会いをつくることであり、彼らを支えていくことではないでしょうか。ただし、あくまで裏方として。親や教員が、自分の価値観を押しつけ、子どもの未来をつくろうとすることは、私には許せません。ましてや、子どもがそのためにつぶれてしまったら見捨ててしまう親や教員は、なおさら許せません。

子どもたちへ、親は親、教員は教員、でも自分は自分です。自分の信じる道を、自分なりに生きればいいんです。まずはただ、生きていてくれればいいんです。ただし、自分で決めたことには責任を持ち、失敗は自ら償うこと。

大人たちへ、子どもを追いつめないでください。たとえ学校へ行けなくても、たとえ非行や犯罪を犯しても。子どもたちには、自らの明日を考える力があります。待ってやってください。でも、子どもたちに笑顔が浮かび、そして目が輝くようないろいろな出会いややさしさを置いてあげてください。

芽生えよ無限の可能性

このところ、学校教育のあり方についての論議がさかんです。「ゆとり教育」が日本の子どもたちの学力を下げた、週休二日制は子どもたちにとってよくないなど、教育の今後についてのさまざまな意見がメディアをにぎわわせています。

しかし、私は、それらを目にするたびに、何か違和感を覚えます。それは、政治家も文部科学省の役人も、教育評論家もマスコミの人間も、親たちすらも、どのような子どもたちの姿が、今の明日の日本にとって求められているのかという点にほとんどふれていないからです。政府は、大人たちは、親は、教員は、教育を通してどのような人間をつくりたいと考えているのでしょう。そして、それは子どもたちのどのような幸せや未来につながるのでしょう。

一〇〇人の子どもたちには、一〇〇の生き方があります。たとえ高校を出ていないとしても、大工さんとして笑顔で立派な家を建てることは、尊いことではないのでしょうか。中学校に通えなかったし、高校には進学できなかったけれども、老人のための福祉施設で笑顔で働いていることは尊くはないのでしょうか。

何か、今私たちの社会は、価値観の多様性を失ってきている気がします。とくにそれは教育について顕著だと思います。何か子どもたちをある型にはめこもうとしています。かつて、教育の専門家の間で「七・五・三」ということばがささやかれたことがあります。これは、高等学校では、その教える知識の専門性から、七割の子どもがすべての教科の内容をきちんと理解できなくて当然、中学校では五割が完全にはついて行けない、小学校でも三割が、という意味です。私もその通りだと考えます。これは、子どもたちを差別しているのではありません。子どもたちは、無限の可能性を持つ存在です。その無限の可能性に対して、学校が教え評価する知識や体力、技術は、ごく一部にすぎません。それだけで子どもを評価してしまったら、落ちこぼれさせられる子どもが続出するのは当たり前です。本来の教育は、とくにその子が持っている無限の可能性が自ら芽生え成長することを、助けることではないでしょうか。

私が望む子どもたちの姿は、笑顔でいきいきと毎日を生きる子どもたちです。それだけでは、いけないのでしょうか。

ことばを捨てて

私は、このごろ「ことば」の恐ろしさにまいっています。現代は「ことば」の氾濫している時代です。テレビでも、ラジオでも、本でも雑誌でも、電話でもメールでも、ネットでも、人間関係でも、ことばがこれでもかというぐらい飛び交っています。しかし、「ことば」の怖さに気づいている人や子どもたちはどれだけいるのでしょうか。

ことばは、決して想いのすべてを語り尽くしてくれません。だから小説家は、その想いを伝えるのに、ことばを選び組み合わせ新しい表現を模索します。たとえば、みなさんにお聞きします。誰かを好きになったとき、その人に求めるのは、一〇〇回の「愛してる」ということばですか。そうではなく、あなたの側《そば》にいつもいてあなたとともに悩み喜び、あなたを守り生きていてくれることではないですか。何か今、私たちは、とくに子どもたちは、ことばのみに寄りかかり、実際に動くことを忘れて生きている気がします。携帯電話やインターネットの普及もその一因だと思います。

また、考えることもなく、ただことばを吐き捨てる人たち、子どもたちの多さにも、非常に問題を感じています。私のもとに、日々百数十通の「死にたい」「死にます」のメールや電話が届きます。私はその一つ一つにていねいに、「水谷は哀しいです」「どうしたの」という返事を書いています。それだけで日々数時間の仕事です。ほとんどの子どもたちは、それで生きていきます。ある友人は私に、「死にたいと言う子で死ぬ子はいない。死ぬならそんなことを言う前に死んでいる」と言いました。でも、私は子どもたちの想いを信じ、ただまじめに対応していくしかありません。でも、気づいてはいます。ほとんどの子どもたちの「死にたい」は、「かまってほしい」「生きたい」という想いの彼らなりの表現なのだと。

ことばは、恐ろしいものです。それを語った人にその責任を求めます。「愛してる」のことばは、結婚とその結果できた子どもの人生の保護を……。でもそれができず離婚する親の多さ。「死にたい、死にます」のことばは、それをネット上で語り合うことで「死ななくてはならない」となり、練炭を使って死んでしまう。

ことばを語ることを止めて、想いを生きませんか。心配ならただ側《そば》にいればいい。子どもとして愛しているなら、すべてを受け入れ哀しい目でやはり側《そば》にいればいい。ことばを捨てて。

大切な仲間の死

死は、むごいです。今私の大切な仲間、子ども、跡継ぎといってもいいほど、心を病む子どもたちや薬物の魔の手に捕まった子どもたちを愛し、上司に逆らってまで、左遷されてまで、信念を貫いた一人の若い精神科医が、わずか三二歳でその一生を終えました。哀しいです。つらいです。かわってあげたかった。

私は、彼がある県の精神保健福祉センターの職員となったときに知り合いました。もう七年前です。彼の目は輝いていた。当時、行政の多くの人たちや、多くの精神科医が、薬物問題は限られた環境の子どもたちの限られた問題と切り捨てていました。そんな中、私の講演を聞き、私に直接連絡をしてきた熱心な人でした。

そのころは、今もかもしれませんが、「薬物乱用者は好きで薬物を乱用し、その結果からだや心を病んだ。自業自得で、そんな人たちのために公的機関が動いたり、お金を遣うことは、税金の無駄遣い」という風潮がありました。しかし彼は、「薬物乱用者には、薬物の使用に逃げざるを得なかった理由がある。そしてその理由は私たちの社会のあり方にもある。薬物乱用は社会の病」と、上司を説得し、たった一人で薬物乱用者や家族への相談窓口の設置や地域の学校での薬物乱用防止教育に奔走していました。

私が預けた覚せい剤を六年にわたり乱用していた女性が二六歳で自殺したとき、彼は行方不明に……。私は彼に自殺されるのではと、その地域の仲間を動員して捜しました。彼は二日間太平洋を眺めていたそうです。泣きながら。純粋な人でした。

彼は自分の立ち上げた薬物乱用についてのいろいろなシステムが動き始めたとこ

ろで、地域保健所にとばされました。失意の彼に、私は、その地域の引きこもりの人の社会復帰プログラムを一緒につくろうと提案しました。この問題に取り組み始めた矢先の癌発病でした。闘病わずか一年での死。今年はじめに彼を見舞ったとき、彼はがりがりの手で、私の手を握りしめ、「先生、必ず復帰します。待ってる子どもたち、人たちがいる。できること、しなければならないことがたくさんある」と必死に訴えていました。無念です。

そんな私のもとに、今夜も多くの「死にたい」メールが届いています。今夜は、返事を書きません。書けません。きっと子どもたちを叱らない水谷が叱ってしまいそうだから……。

子どもたちを追いこむことば

このところ、「考える」ということばが嫌いになっています。学校に行けなくて苦しんでいる子どもに、「将来を考えてごらん」、リストカットに苦しむ子どもに、「そんなことをしたらどうなるのか、考えてごらん」……。今、親や教員たちから、悩み苦しむ子どもたちに、「よく考えろ」ということばが、限りなく吐き捨てられています。

でも、考えてみてください。なぜ子どもたちが悩み苦しんでいるのか。それは「考えた」からではないですか。考えて考えて結論が出ないから、悩み苦しんでいるのではないですか。そのような子どもたちに、「考えろ」と言うことは、さらに子どもたちを追いこんでいることになるのではないでしょうか。

また私は、「がんばれ」ということばが、ずっと嫌いでした。いじめや人間関係のこじれから心がいっぱいになり、学校へ行こうとすると腹痛や頭痛がおきて苦しむ子どもに、「がんばって、学校に行きなさい」、不登校からなんとか必死で保健室登校になった子どもに、「がんばって教室に行こう」……。毎日、親や教員たちから、悩み苦しむ子どもたちに、「がんばれ」ということばが、無数に吐き捨てられています。

でも、なぜ子どもたちは苦しんでいるんですか。悩んでいるんですか。それは、もうこれ以上がんばれないから。だから心の悲鳴をからだが知って、腹痛や頭痛で知らせてくれているのです。こうして苦しんでいる子どもたちに、「がんばれ」や「おまえはがんばっていない」と言うことは、子ども自身がそれまで生きてきた道を否定することになるのではないですか。もっと子どもたちを追いこむことになるのではないですか。

たしかに、「考えよう」や「がんばれ」ということばで、背中を押してもらって成長していく子どもたちもたくさんいます。でも、悩み苦しむ子どもたちへの、このことばは、子どもたちをさらに苦しめるだけのことばです。水谷は絶対に言いません。

悩み苦しむ子どもたち、もう考えなくていいんだよ。考えて答えの出ることならすでに答えが出ています。答えが出ないから苦しんでいる。考えることを止めよう。もうがんばらなくていいんだよ。もう十分がんばりました。ゆっくり休もう。そしてゆっくり待とう。明日は自然にやってきます。

心の病が小さなうちに

私は今から一四年前、大切な一人の生徒を薬物依存症による事故死によって失いました。なぜ救えなかったのかと苦しみ抜いた私は、一人の精神科医から言われました。「無理をしたね。薬物依存症は、立派な心の病、君はそれを愛の力で救おうとした。愛や罰の力で病を治すことができますか。四二度の熱をだした子どもを抱きしめて熱が下がりますか。胃痙攣《けいれん》で苦しむ子どもを叱って胃痙攣がおさまりますか。医師の治療が必要なんです。しかし、からだの病はいいよなあ。血を流せば救急車、もだえ苦しめば病院に連れて行ってもらえる。でも心の病は……。いくら苦しんでも、おまえが弱いから、がんばれ。こうしてさらに追いこまれていく。心の病も人の生死にかかわる立派な病気なんだよ」と。私は、この生徒を薬物の魔の手から救おうと、一緒に暮らしたり励ましたりしていました。

私はこの三カ月で、二十代三十代の五人の女性を心の病による自殺や事故死で失ってしまいました。どのケースも十代中ごろのいじめやレイプ、親からの虐待で心を痛めつけられ、そして精神科医からの処方薬をODすることやリストカットでなんとか生き抜いていたケースでした。親とも連携を取り、入院での投薬調整と心のケアに入ろうと動いている最中の突然の死でした。私を知ってしまったことや周りが急に動き出したことで、心のバランスを急に崩してしまったことが原因だと考えています。私が死に追いこんだと。

私はこの一年半、数万の苦しむ子どもたちと関わってきました。そして、そのうち約七割の子どもたちは、元気とはいえないけれど私のもとを巣立ち今を生きています。私からのやさしさや周囲の人たちのちょっとした思いやりで、明日を生きる力を手に入れて。

私は今こう思っています。心の病も早い時期ならば愛の力で救うことができると。からだの病でも、早期に気づき栄養のあるものを食べたり、静養すれば、自然に治ります。

大人たちにお願いです。子どもたちの様子に日々気を配ってください。つらそうな顔、哀しそうな様子だったら側《そば》にいてあげてください。やさしいことばをかけてあげてください。

子どもたちにお願いです。心が少しでもつらさや哀しさなどで悲鳴をあげ始めたら、周りの多くの人たちに伝えてください。必ず君たちに寄り添ってくれる大人はいます。信じよう。

親になること、大人になること

このところ講演会で親たちに向けて必ず最初に言うことがあります。それは、「一応、お母さんをやっている人」ということばです。このことばを会場に向けて言うと、みなさんは必ずといっていいほど苦笑します。水谷は何を言いたいんだ、私たちは母親なのにと。

でも、子どもをつくり生んだら母親になるのでしょうか。生んだ子どもをやさしくいたわり、守り、そして育てはぐくんだ子に「お母さんの子でよかった。生んでくれてありがとう」こう言われて初めて、母親になるのではないでしょうか。

これは、私たち教員にとっても同じです。教育委員会から一枚の辞令をもらい、学校に赴任して先生となるわけではありません。毎日、一年、数年かかって、生徒たちを育て、教育し、育てた生徒に「先生、ありがとう」と感謝され、尊敬されて、初めて本当の教員となるのです。

何か、今の日本では、自分の手にした立場に安住し、手に入れた権力は行使するけれど、そのための、その立場ゆえの努力や日々の研鑽をしない、そういう大人が増えているような気がします。

親になるということは、たしかに子どもという宝物を手にすることです。でも、それと同時に、その子どもを幸せに育て、自立させるという重い責任を負うことでもあります。教員になるということは、たしかに確実な収入を手にし、安定した生活の中で、生徒たちとの関わりを日々持つことができるということです。しかし、それと同時に、生徒たちに明日を生きるための知識や体力、技術を身につけさせ、さらに人としてのやさしさや人とのやさしい関わり合いの大切さを身につけさせるという重い責任を負うことでもあります。

それでは、大人になるということは、どのようなことなのでしょうか。ただ金を稼ぎ自立し、そこそこ遊び、そこそこの夢を自分のためにかなえる。これは「一応大人をやっている」にすぎないと、私は思います。本当に大人となるということは、家族や社会のために何かをし、またとくに明日をつくる子どもたちに寄り添い、守り、そして一人の先輩として彼らを育てて、初めて大人になるのではないでしょうか。

ぜひ本当の親、本当の大人になって、子どもたちと向き合ってください。子どもたちは待っています。

水谷相談所の卒業生

七月は、私にとって大変な月でした。一月で四一本の講演。回った地域も、千葉県、埼玉県、栃木県、茨城県、長野県、大分県、福岡県、熊本県、東京都、高知県、青森県、宮城県、秋田県、神奈川県、鹿児島県と一五都県です。夜回りだけでも、大宮、長野、福岡、熊本、町田、高知、鹿児島と七つの街で行いました。

でも、つらいけど幸せな月でした。すべての会場に薬物やリストカット、自殺願望で苦しむ多くの子どもたちが来てくれました。そして、私の講演から何かを感じとってくれたようです。ある会場では講演後、泣きながら私に近づいてきた少女が、

「先生恥ずかしいことじゃないんだね。隠さなくていいんだね」と、自ら手首の包帯をとりました。周りの多くの大人たちがやさしい目をぬらしていました。

また、多くの水谷相談所の卒業生が元気な姿を見せてくれました。今年の一月に高校受験のプレッシャーから、死を語るメールを何度も送ってきた少女は、数人の友人と日焼けした元気な姿で会場に来てくれました。今は、希望した高校に入学し、ソフトボール部で楽しく高校生活を送っていると、うれしそうに話してくれました。「先生、ありがとう。生きていてよかった」この一言に、私は少し目から汗を流しました。

一年前に、シンナー乱用を止めることができず、親に無理やり連れられて私の講演会場に来た、当時高校二年だった少女は、高校を中退し、私の知り合いの病院に数カ月入院して、今は、地元の小さな会社の事務員として働いていました。会社の友人を連れて会場に来てくれました。「先生、恋人……」恥ずかしそうにうつむいて、私に告げる少女の姿、いとおしかったです。「まだ早いぞ」私は、ちょっとムキになって言いました。ちょっと言い過ぎたかもしれません。

夜回りは、場所によっては夜回りというより、水谷撮影会の様相でしたが、楽しかったです。多くの子どもたちが素直に家路についてくれました。薬物や売春などの多くの情報を私にくれました。

人にとって、人から頼られ人のために働き、笑顔をもらうことは、とても幸せなことです。人は人のためなら、とくに愛する人のためなら、何でもできます。またどんなにつらいときでも、力をもらえます。でも、今の日本では多くの大人たちがこのことを忘れているようです。

「出会い」が人を救う

「出会い」は人を変えてくれます。いや「出会い」だけが人を変えて、明日に向けて進ませてくれるのではないでしょうか。これは、単に人との出会いのことだけではありません。美しい自然や、すばらしい行為、あるいは一冊の本やテレビ番組との出会いが、人の一生を変えることがあります。

ニュートンは、リンゴが木から落ちることへの出会いを通して、万有引力の法則を発見しました。古今の多くの作家は、一人の女性への出会い、そして思慕から、すばらしい恋愛小説を世に出しました。今、君たちが、あなたがたがこの世に存在しているのも、お父さんとお母さんの出会いがあったからです。

私のもとに届いた一五万を超える相談のメール、それらに共通していることは、ある一つの悪い出会いで傷つき、人間不信、社会不信に陥り、一人で孤立し苦しんでいる中、水谷という存在を知り、私との出会いに最後の救いを求めていることでした。

でも当然のことながら、私にメールで相談してくれたすべての人と、水谷が直接関わり一緒に生き合うことは不可能です。私は、今日本全国を講演で回りながら、その地域の悩み苦しむ子どもたちと会っています。でもこれにも限界はあります。

そのような中、「水谷の嘘つき。なんですぐ助けてくれないの」「本のいつでも会いに行くよは嘘、来てくれない」、そんなメールもたくさん来ます。哀しいです。

でも、私は、私に救いを求めてきているすべての子どもたちに伝えたいです。みんなが私の出たテレビや本を通して見つけ、すがっているのは、水谷という一人の大人にではなく、テレビや本での私の言動の中に、きっとみんなが見つけた、そして出会った水谷のやさしさ、それではないですか。

悩んでいる子どもたち、苦しんでいる子どもたちに伝えたいです。みんなが水谷との出会いで感じたやさしさは、実はほとんどすべての人が持っているものです。

今の時代は、何かやさしさを外に出すことがしづらい時代です。多くの人が、みっともないとか、弱く見られると思ってしまい、やさしさをしまいこんでしまっています。ぜひ、やさしさ、自分の周りに求めてごらん。いっぱい出会えます。ただし、まずは自分がやさしさを配ること。

ハリネズミの親子

今、親と子ども、先生と生徒、大人と子どもの間に断絶が広がっています。とくに多くの子どもたちは、親や先生、大人に大きな不信感を抱き、心を開くことを拒否しています。その結果、大人たちは、子どもの心や考えを見失い、それどころか見失っているという事実にも気づかないまま、子どもに傷つくことばや行いを無造作に投げかけ、さらに子どもたちを失っています。

「ハリネズミの親子」というたとえがあります。ハリネズミの親子は、愛し合い求め合い近づき抱き合えば、互いの針のために傷だらけになってしまいます。私は、どうも日本の大人と子どもたちとの関係が、このハリネズミの親子の関係になってしまっているように思っています。

ある一七歳の少女は、昨年秋、高校の文化祭の打ち上げでカラオケに行き、つい時間を忘れ、気づいたら一一時過ぎになってしまいました。家に帰ったら「お母さん、ごめんなさい、心配かけて」と謝るつもりで家に急ぎました。母親は、心配でたまらず、何度も家の外に出て待ちました。帰ってきたら「心配かけて」と抱きしめるつもりでした。でも、少女が玄関を開けた瞬間に母親から出たことばは「何やってたの」という怒鳴り声、少女も「うざったいんだよ」と怒鳴り返していました。少女はその後一直線で夜の世界へ。私とは、町田の夜回りで知り合いました。高校中退、暴行、援助交際、同棲、妊娠中絶、薬物乱用とぼろぼろになっていました。私は、彼女と知り合って二カ月目、彼女を説得し家に連れて帰りました。そして、今までのことをすべて彼女に代わって両親に話しました。母親は泣きました。「ごめんね、ごめんね」何度も繰り返しながら。彼女も母親にしがみついて泣きました。彼女は今、来年の定時制高校入学を目指して、両親のもとで生活しています。

「ごめんね」「いいんだよ」、日本語にはたくさんのやさしいことばがあります。今多くの大人たちが、このことばを子どもたちにあげることを忘れているように思えます。やさしいことば、たくさん子どもたちにかけてあげてください。ハリネズミの親子の針は、まずは親から大人から引っこめるものです。子どもたちへの想い、やさしいことばに託してみませんか。

やさしく美しいことばを

前にも書きましたが、ことばは恐ろしいものです。それを語った人に責任を求めます。汚いことばを語る人には、汚い生き方をすることを。やさしいことばを語る人にはやさしくあることを。死を語る人には、死ぬことを。

今日、一人の教え子と会いました。赤ちゃんを抱っこして私に会いに来てくれました。彼女は、今から一〇年前、横浜のデパートの地下でお弁当を万引きしたところを、私が保護しました。彼女は当時、十数人の家族と六畳二間の家に住んでいました。お母さんは倒れ寝たきり、二人の姉が売春で生計をたてていました。幼い妹や弟のための万引きでした。「ばかやろう、うざってえんだよ。刑務所でも入ってやる。上等だ」ありとあらゆる罵声を私にぶつけてきました。私は、すぐに手続きを取り、母親は入院、子どもたちはそれぞれ施設に預けました。ところが、母親は入院先の病院で病状が急転し亡くなりました。

その後彼女の姉たちは行方不明に。弟たちは施設で。彼女はしばらく我が家で生活しました。我が家でたくさんのやさしいことばを覚えてくれました。もじもじしながら「ありがと」ということばを、私に言った彼女の真っ赤な顔、すてきでした。「幸せ」「うれしい」「楽しい」「きれい」「明日……」「夢は……」、たくさんの美しいことばが彼女の口から出てきました。やさしい美しいことばを出すごとに、彼女の目から険しさがとれやさしい顔になっていきました。

彼女は私が紹介した知り合いの中華料理店で、住みこみで働き始めました。そして一昨年、その店で調理師として働いていた青年と結婚。私はめずらしく結婚式に出ました。彼女の親として。花束贈呈での彼女の私への手紙の朗読では、泣きに泣きました。美しい多くのやさしい想いのこもったことばを私にくれました。

彼女は、「よちよちよち、おじいちゃんですよ」と赤ちゃんを私に抱かせてくれました。彼女の輝く目に、私は幸せもらいました。

子どもたち、ぜひ毎日たくさんのやさしい、美しいことばを話してみませんか。家族に友だちに見知らぬ人に。きっとみなさんの心をやさしくしてくれます。きっと君たちの周りがやさしくなります。

大人のみなさん、ぜひ子どもたちにたくさんのやさしい美しいことばをあげてください。子どもたちの明日のために。

闘いへの決意

私がメールアドレスと電話番号を公開してから一年半が経ちます。一人で苦しむ子どもたちの命を守ろうと、私と仲間たちが生き抜いた日々でした。限りなく続くメール、鳴り続ける電話、私のもとからの通報で、多いときは十数台のパトカーや救急車が日本中を駆け回りました。

「一人の子どもも死なすな」それが、私と私の仲間たちの合いことばでした。それでも、五人の尊い命を失った日々です。「一つの命でも失ったら、この仕事は止めよう」、仲間たちと約束をして始めたことでしたが、止めることはできませんでした。止めることを考える間もなく、哀しむ間もなく、鳴り続ける電話、届くメールです。多くの仲間たちが去っていきました。私へのメールの整理を担当していてくれた若者たちは、「先生、もうだめだ。目をつぶると写真で送られてくる血だらけの腕が……。眠れない。勘弁してください」と悲鳴をあげ去っていきました。多くの医師やカウンセラーの仲間たちは、「水谷さん、これは私たちが個人の力をあわせて対応できるようなことではない。国や行政が組織として取り組むことだよ。無理だ」哀しい顔で去っていきました。

私にとってのこの一年半は、これまでつくってきた多くの仲間たちを失った日々だったようです。去っていった仲間たちを恨んだこともあります。なぜこんな状況なのに私を置き去りにするのか。子どもたちのために助けてくれないのかと。

あまりに子どもたちをなおざりにしている国や地方自治体の政治家や役人に声を荒げぶつかったこともありました。講演会場では、所用を理由に挨拶だけで中座した市長を「子どもたちの問題をそんなに軽く考えているのか」と叱咤したことも、子どもたちを哀しみの底へと追いこむ親や先生を怒鳴ったことも……。とても反省しています。

今、この一年半を振り返り、心は平穏です。恨みや憎しみはさらなる恨みや憎しみしか生み出しません。苦しむ子どもたちへの、亡くした子どもたちへの哀しみを一人でも多くの人に直接伝え、そして、今苦しむ多くの子どもたちにやさしさでふれあっていければそれでいい。それしか、私にはできません。明日から、また闘いが始まります。夜の世界の闘いが。一人でも多くの子どもたちを夜の闇の世界から昼の世界にもどす闘いが。

子どもたちは歩み始める、明日に向かって

今は、朝九時半です。このところ朝の電話やメールが増えてきています。それもとびっきりのうれしい電話やメールが。

一年前に、高校でのいじめから「死にたい、死にます」と何度もメールしてきた少女は、その後高校を中退し、今は通信制の高校に通いながらファミリーレストランでアルバイトをしています。彼女は毎朝「先生夕べはぐっすり眠りました。元気だよ。これから仕事に行ってきます。先生もちゃんと眠るんだよ」何か口うるさい彼女を持ったようです。

小学校五年のころから、学校でのいじめで家に引きこもってしまった一九歳の青年は、半年前に「先生、いじめたやつ、みんなぶっ殺してやる。いじめを見逃した学校の先生もみんなぶっ殺してやる」というメールを私に送ってきました。彼とは、夜何度も電話で話しました。私は、「過去は過去、でも明日は今からつくるもの。まずは家の人のために何かしてごらん」と何度も語りかけました。彼はまず、家族の靴磨きとトイレ掃除を深夜に始めました。家族から「ありがとう」のことばをもらった日、私に電話してきました、「先生、僕必要とされてた。いいもんだね、人のために何かするって」と。彼は、この春庭に花壇を作りました。自分でホームセンターに出かけ、煉瓦や土、花の苗をいろいろ買ってきて。今朝、彼の自慢の花壇の写真がメールで届きました。美しいとてもセンスのいい花壇でした。彼は今ガーデニングを勉強しています。明日のために。

思えばこの一年半、大半の時間を電話とコンピューターの前で過ごしてきました。

日本中から限りない子どもたちの悲鳴、苦しみ、哀しみが私のもとへと押し寄せてきました。何度、夜の暗い書斎で机をたたきながら、拳を握りしめながら、「もうだめだ、止めよう」と思ったか……。でも、そんな私を支え続けてくれたのは、朝の電話とメールでした。

九万人を超える私のもとに相談してきた日本各地の子どもたち、その多くが、私のもとを卒業していきました。私は、何をしたわけでもない。ただ話を聞き、やさしさをそっと配っただけです。でも、それだけで多くの子どもたちが「自分は一人じゃないんだ」と、自ら立ち上がり、明日に向けて歩み始めました。大人のみなさん、子どもたちにやさしさ配ってあげてください。子どもたちは待っています。

『夜回り先生　こころの授業』刊行にあたって

水谷先生とはもうずいぶん長いお付き合いのような気がしますが、初めてお目に掛かったのは、二〇〇〇年の四月のことです。預かっていた先生の原稿を本にする打ち合わせのためでした。

その数カ月まえ、懇意にしている記者から、先生と薬物依存の少女とが交わした往復書簡形式の原稿を渡されていましたが、それを読んだ時の感動は今でもはっきり覚えています。一九歳の少女の苦しい心象をつづった文章がたいへん素直で胸に強く迫ってきたこと、それと、水谷先生の相談の仕方が単に言葉による励ましや癒しだけではなく、ギリギリのところで少女を麻薬取締官の手に渡すが、出所後は自分の家に住まわせるなど、驚ろくべきほど果断かつ行動的でドラマティックなことが、とくに強烈でした。

お目に掛かった水谷先生は、端整な容姿、優しそうでいて鋭く輝く目、断定的で端的な言い方、その話には私の常識を超えたことも少なくありませんでした。戸惑いを感じた私は「この話はまゆつばかもしれない、もっとこの人のことをよく知らないと」と、今から考えると大変失礼なことですが、いささかの疑念すら覚えたのです。

しかし、先生の講演会を聞きに行ったり、先生をよく知る記者たちの話を聞くや、この疑念はたちまちに感嘆と畏敬に変わってしまいました。

——水谷先生は、一四年前、横浜市の中心部繁華街の真ん中にある夜間高校に異動すると同時に「夜回り」を始めた。夜一一時ぐらいから、ピンクビラやエッチな看板を片づけながら、子どもたちのたむろする公園や繁華街を回り子どもたちに声をかけ帰らせる、とくにシンナーや覚せい剤などの薬物の問題を抱えた子どもたちには命がけで、ヤクザに指をつぶされたこともある。これまでに日本各地の二万人以上の様々な問題を抱えた青少年と関わり、ともに生きてきた。

また先生は、子どもを叱ったり、怒鳴ったり、あるいはなぐったりしたことがない。それは、先生は、親、教師、地域の大人たちが、慈しみ愛し丁寧に育てれば、どんな子どもも必ず時期が来れば花を咲かせることを心底から確信しているからだ――

本づくりの作業は一気に加速しました。七月、先生と「生徒ジュン」との連名で『さようなら、いえなくて――助けて、哀しみから』と題して刊行されました。これが小社での記念すべき第一作です。この本は後に先生から「全著作の中で一番読んでもらいたい本」と言っていただきました。

ここで先生の人となりの一端を知ることになった、印象深い集まりのことを記しておきます。そこには中堅・若手の哲学・倫理学者、精神医学者など十数名が集っていました。上智大学文学部（哲学）で渡辺名誉教授の薫陶を受けた方々とそのお仲間でした。水谷先生が渡辺名誉教授を師としていかに尊敬しているかは、すでに存じておりましたが、そこでの水谷先生は、真剣に哲学的議論を戦わせていました。私は、「夜回り先生」は、日常を哲学的に生きる水谷先生の実践的帰結なのだと思ったのでした。

『さよならが、いえなくて』から四年後の昨年二月、先生は『夜回り先生』（サンクチュアリ出版）という新しい本を上梓されました。この本には、一人でも多くの悩んでいる子どもたちと関われるようにと、先生へのメールアドレスが載ったのですが、一年半でなんと十六万通以上のベ九万人からの相談メールが殺到したそうです。相談は薬物や非行もありますが、九割がリストカットやOD（オーバードーズ・市販薬、処方薬等の過剰摂取）、自殺願望、引きこもり、いじめで苦しむ子どもたちから。これらの子どもたちに共通しているのは、親や教師から責められ続け、またリストカットやOD、引きこもりを続ける自分自身を責め続けていることでした。先生は、夜の街に入って薬物の魔の手や悪い大人の餌食にされた子どもたちとは違う、もっとたくさんの「夜、眠れない子どもたち」の存在にがく然としたのです。

そしてさらに大変なことに気づきました。それは、今の私たちの社会が、住みにくく生きにくい、ある種の地獄、戦場となっていることにほとんどの大人たちが全く気づかず、さらに子どもたちを追いつめているのではないかということです。

先生は、こんな大人たちのために、日記形式で毎週一本、子どもたちの様子やその背後に潜む社会の問題点、その解決のためにどうしたらいいのかを書き始めました。そのうち四〇回分は昨年一二月、『夜回り先生の卒業証書』として小社から出版させていただきました。この第二作は、先生の考え方を体系的に整理した講演録を付したこともあってか大好評を博することができました。

今回の第三作『夜回り先生　こころの授業』は、それ以降の日記四〇回分をまとめたものです。大人へのメッセージはさらに深く踏み込んだものになっています。ところで先生は、この本を著作活動の最後にしたいとのお気持ちがあるやに伺っています。しかし残念なことですが、この本のメッセージからもわかるとおり、子どもたちは第二作のころよりさらに追いつめられています。先生の新しいメッセージを切望する人は海外も含め、増えることはあっても減ることはけっしてありません。実践的哲学者、水谷先生がさらなる著作に挑戦されることを願ってやまないのであります。

日本評論社（林　記）

初出
「闇の世界」から「心の病が小さなうちに」まで
毎日新聞社ウェブサイト「MSN毎日インタラクティブ」(MSN-Mainichi INTERACTIVE, http://www.mainichi-msn.co.jp/)での連載「水谷修先生の夜回り日記」(2004年11月17日〜2005年7月20日)を加筆・修正したものです。

●著者略歴
水谷 修(みずたに おさむ)
1956年横浜市生まれ。上智大学文学部哲学科卒業。1983年横浜市立高校の教師になり、1998年から市立戸塚高校定時制社会科教諭、2004年4月から市立横浜総合高校教諭。同年9月、高校教諭を辞職。中・高校生の非行防止と更生、薬物汚染の拡大防止のために、全国各地の繁華街で「夜回り」を行う。また薬物防止等の講演で全国を駆け回る。2003年東京弁護士会第17回人権賞受賞。
●主な著書
『さらば、哀しみのドラッグ』(高文研、1998)、『さよならが、いえなくて』(日本評論社、2000)、『さらば、哀しみの青春』(高文研、2003)、『ドラッグなんていらない』(東山書房、2004)、『夜回り先生』(サンクチュアリ出版、2004)、『夜回り先生の卒業証書』(日本評論社、2004)、『こどもたちへ』(サンクチュアリ出版、2005)

夜《よ》回《まわ》り先生《せんせい》　こころの授業《じゅぎょう》

2005年11月10日 第1版第1刷発行

著　者　水谷 修
発行者　林 克行
発行所　株式会社 日本評論社
〒170-8474 東京都豊島区南大塚3-12-4
電話　(03)3987-8621［販売］
FAX　(03)3987-8590［販売］
振替　00100-3-16　http://www.nippyo.co.jp/
印刷所　精興社
製本所　難波製本
写　真　疋田千里
装　幀　妹尾浩也

ISBN 4-535-58459-1　Printed in Japan